VOYAGE
DE LOUIS XVI.

Publié au profit d'une famille émigrée
malheureuse.

*Tout exemplaire doit être revêtu de la signa-
ture du Libraire-Éditeur.*

VOYAGE
DE LOUIS XVI

DANS SA PROVINCE

DE NORMANDIE,

MANUSCRIT TROUVÉ DANS LES PAPIERS D'UN AUGUSTE PERSONNAGE.

« Les peuples souhaitent ardemment de
» voir leur Souverain.... Écoutez les plain-
» tes, rendez justice, et communiquez-vous
» avec bonté : vous connaîtrez bientôt l'uti-
» lité de votre voyage, et le bon effet
» qu'aura produit votre présence. »

Lettre de Louis XIV à Philippe V.

DÉDIÉ

à S. A. R. Madame, duchesse d'Angoulême.

———————

PARIS,

LACOURIÈRE, Libraire-Éditeur, boulevard du
Temple, nᵒ 47.

———————

M DCCC XXIV.

Imprimerie de Dondey-Dupré,
rue Saint-Louis, no 46, au Marais.

À Son Altesse Royale

Madame,

Duchesse d'Angoulême.

Madame,

En 1785, Louis XVI visita sa province de Normandie.

Les peuples virent leur Roi. Ils connurent leur père.

Un témoin des scènes touchantes qui signalèrent ce voyage, en traça le récit.

Son cœur guida sa plume.

Il n'a eu qu'à raconter pour faire

naître chez le lecteur les douces émotions qu'il éprouva lui-même.

La France, en lisant cette relation,
saura quelle perte elle a faite.

J'ose la dédier à Votre Altesse
Royale, comme un hommage digne de
ses vertus.

Je suis avec respect,

Madame,

de Votre Altesse Royale,

le très-humble et très-obéissant

serviteur,

Lacourière.

Avertissement.

Divers obstacles ont retardé la publication de ce petit ouvrage; mais on a pensé que les traits qu'il renferme devaient intéresser également, dans tous les tems, le peuple délicat et sensible auquel on le présente. Il n'a besoin ni de préface ni de commentaires pour exciter l'attendrissement et les regrets. Beaucoup d'hommes en le lisant verseront des larmes de repentir; beaucoup d'autres y reconnaîtront que la révolution les a cruellement trompés, et la jeunesse d'aujourd'hui, qui doit juger le passé avec un cœur exempt de corruption et d'artifice, y apprendra que Louis XVI a été le meilleur des hommes, et qu'il était digne d'être le modèle des bons Rois.

CATALOGUE

Des Principaux ouvrages, en nombre et d'assortiment, qui se trouvent à la Librairie de LACOURIÈRE.

ŒUVRES de Lesage et de l'Abbé Prévost, nouvelle et belle édition, imprimée avec le plus grand soin sur papier fin, ornée de 112 fig. *Paris*, 1810–16, 55 gros vol. in-8°.   200 fr.

ŒUVRES CHOISIES de Lesage. *Paris*, Genets, 1821. 12 vol. in-12, figures........ 39 fr.

Les mêmes, in–18, 14 vol. figures.... 21 fr.

On vend séparément.

GILBLAS, 4 vol. in-12, ornés de 12 gr.. 13 fr.

Le même, in–18, 6 vol. 12 figures... 7 fr. 50 c.

LE DIABLE BOITEUX, suivi des Béquilles du Diable boiteux, et de plusieurs autres pièces. 2 vol. in-12, figures.............. 6 fr.

Le même in-18, 8 figures........ 3 fr. 25 c.

Le Bachelier de Salamanque, 2 vol. in-12,
6 figures.......................... 6 fr.

Le même, in-18, 6 figures........... 4 fr.

Histoire de Gusman d'Alfarache, 2 gros
vol. in-12, 6 figures.......... 7 fr. 50 c.

Le même, in-18.

Histoire d'Estevanille Gonzalez, 2 vol.
in-12, 6 figures.................. 6 fr.

Le même, in-18................. 3 fr. 25 c.

Œuvres complètes de Massillon; nouv. édition,
imprimée par Cellot. *Paris*, 1821-22, 13 vol.
in-8°............................. 72 fr.

Œuvres de l'abbé Millot, de l'Académie française, comprenant l'Histoire générale ancienne
et moderne, l'Histoire d'Angleterre et l'Histoire de France, nouvelle édition, continuée
par MM. Millon et Delisle de Sales. *Paris*,
1820, 12 gros vol. in-8°........... 60 fr.

Œuvres de Molière, avec des remarques gram-
maticales, des avertissemens et des observations sur chaque pièce, précédées de la vie
de Molière, et de son éloge par Champford.
Paris, 1821, 6 vol. in-8°......... 30 fr.

Raynal, *Histoire philosophique et politique
des établissemens et du commerce des Eu-
ropéens dans les deux Indes*, nouv. édition,

corrigée et augmentée d'après les manuscrits
autographes de l'auteur ; précédée d'une no-
tice biographique, et de considérations sur les
écrits de Raynal, par M. Jay ; et terminée par
un volume supplémentaire contenant la situation actuelle des Colonies, par M. Peuchet,
12 vol. in-8°, figures. *Paris*, 1820..   60 fr.

ŒUVRES complètes de Beaumarchais, nouvelle
édition, imprimée avec soin, et ornée d'un
portrait, 6 vol. in-8°, 1821..........   30 fr.

ŒUVRES complètes de Condillac, nouv. édition,
imprimée sur ses manuscrits autographes , et
augmentée de la langue des calculs , 16 vol.
in-8°, imprimée sur papier fin.......   90 fr.

ŒUVRES complètes de Jacques Delille. *Paris*,
Michaud , 18 vol. in - 18, papier fin grand
raisin.......................   50 fr.

ŒUVRES de François Salignac Lamothe Féné-
lon ; nouvelle édition , mise dans un nouvel
ordre , et suivie de son Éloge historique par
La Harpe. *Paris*, 1823 , 10 vol. in-8°, portrait...... . ...   45 fr.

Les mêmes , 10 vol. in-12.. ....   22 fr.

LETTRES SUR L'ASTRONOMIE , en prose et en
vers, par Albert Montémont, membre de plusieurs sociétés savantes , 4 vol in-18, papier

fin grand raisin, ornées de huit gravures et vignettes, et de quatre planches astronomiques.................................... 12 fr.

Les Jeunes voyageurs en Europe, ou Description raisonnée des divers pays compris dans cette partie du monde ; avec des détails sur le sol, les productions, les curiosités, les monumens, les mœurs et coutumes des habitans, et les hommes célèbres de chaque contrée, traduit de l'anglais sur la douzième édition, 5 vol. in-18, papier gr. raisin superfin, ornés de 16 belles cartes... 20 fr.

Dictionnaire de la langue française, extrait du nouveau grand dictionnaire in-4°, par J. Ch. Laveau, 2 volumes gros in-8°, 1821.................................... 18 fr.

Abrégé de l'Histoire générale des voyages, nouvelle édition, revue et corrigée avec le plus grand soin, ornée de 60 vignettes et d'un atlas in-4°, 30 vol. in-12...... 90 fr.

Même édition, in-18, 30 vol. atlas..... 70 fr.

Œuvres du cardinal de Retz, 6 vol. in-8°, portrait.................................... 30 fr.

VOYAGE

DE LOUIS XVI

DANS SA PROVINCE

DE NORMANDIE.

LA guerre ou les plaisirs n'ont que trop souvent déterminé les voyages de nos rois ; c'est à l'utilité de son royaume, c'est

à l'amour de son peuple que
Louis XVI a consacré celui
qu'il a entrepris dans sa province de Normandie. Cette
époque est trop intéressante
pour n'en pas transmettre à la
postérité les moindres détails;
ils susciteront en elle ces sentimens d'amour, de vénéra-
tion et d'enthousiasme qu'ils
nous ont fait ressentir; ils ex-
citeront son admiration pour
un monarque dont la sagesse,
la justice, la sensibilité se ma-

nifestent si naturellement dans les circonstances où son cœur agit, sans l'impulsion des conseils; ils lui feront éprouver l'attendrissement le plus délicieux à la vue de ces traits de bonté, de popularité, d'affabilité, de sentiment qu'il a multipliés envers ses moindres sujets; enfin ils fixeront, bien mieux que les plus éloquens panégyriques, l'opinion que l'on doit avoir des connaissances et des qualités de l'esprit et du cœur de ce prince, émule de Louis XII et d'Henri IV ; qui, sans passions frivoles, dans la fleur de l'âge, a les vertus essentielles de ces deux grands rois ; qui, dans sa trente-deuxième année, a exécuté déjà, par inclination, ce que Louis XIV, après tant de gloire et de malheurs, recommandait à son petit-fils Philippe V, roi d'Espagne, comme le résultat précieux de sa longue expérience. Fran-

çais, nation légère et sensible,
tant de fois distinguée par son
amour pour ses souverains,
n'oubliez donc jamais que l'estime des peuples fait les bons
princes. Vous recueillez, quoique sans fiel, ce que la mali-
gnité découvre en eux de fai-
blesse, et vous effleurez à peine
ce qui doit les rendre si dignes
de vos louanges et de votre dévouement! Pénétrez-vous de
leurs vertus pour les mieux
honorer, et que votre juste

reconnaissance soutienne en eux la plus généreuse émulation. C'est dans leur conscience que les hommes puisent la consolation des injustices qu'ils essuient ; mais c'est dans l'*opinion publique* que les rois, comme les plus simples particuliers, trouvent l'aliment et la récompense de leurs bonnes actions.

Ce n'était point par un de ces vains mobiles de curiosité que Louis XVI avait formé le projet d'aller à Cherbourg. Ses goûts, ses occupations, le bien de la Normandie, la sûreté de l'État, tout l'y portait depuis bien long-tems; et ce n'est point sans commander à son impatience que ce prince avait différé ce voyage.

Son penchant décidé pour la science maritime, son application à la cultiver, l'élévation que la marine lui devait,

la prépondérance qu'elle avait
obtenue, le beau titre de pacificateur qu'elle lui a si glorieu-
sement acquis, tels étaient les
nobles motifs qui devaient l'at-
tirer vers la mer, et surtout vers
ce port qu'il créait pour con-
server aux nations la liberté de
cet élément.

Le maréchal de Castries était
parti pour reconnaître par lui-
même la situation et le succès

des travaux de Cherbourg, afin
de satisfaire l'inquiète et pré-
voyante curiosité du roi.

Deux ans s'étaient écoulés ;
S. M., toujours occupée de
cette grande entreprise, ne voulait point encore se résoudre à
la voir de près, sans y être déterminé par le rapport d'un
précurseur digne de toute sa
confiance. Le comte d'Artois
partit ; et, son enchantement, à
son retour, se communiquant

bientôt à son auguste frère, le roi fixa son départ.

Jusqu'à cette époque, il ne parut rempli que de l'idée, que des objets intéressans de son voyage ; il en parlait, il y pensait sans cesse ; ce moment désiré lui paraissait chaque jour trop éloigné : enfin il arriva.

Louis XVI quitte Versailles le vingt-un juin pour se rendre à Cherbourg, accompagné du prince de Poix, des ducs de Villequier et de Coigny.

Ce monarque ne partit point sans s'être fait instruire de tout le bien qu'il pourrait faire dans son voyage ; semblable à cet astre bienfaisant dont les premiers rayons fécondent et réjouissent la nature, il ne voulait s'annoncer à ses sujets qu'en versant utilement des bienfaits et des grâces.

A peine se fut-il montré qu'il reconnut les effets de cette salutaire influence qui devait résulter de sa présence sur son peuple, et de son peuple sur lui.

Dès Houdan, il reçut les premiers gages de ces vrais témoignages de sensibilité dont on devait le combler dans la province qu'il allait visiter. Son apparition excita la plus universelle sensation , et la naïve curiosité d'une foule immense, accourue de tous les environs, lui fit éprouver ces vives émotions que l'amour d'un peuple cause toujours si sûrement aux princes bien nés.

Le roi sortit de sa voiture pour répondre à l'empressement qu'on avait de le voir. Une bonne femme ayant embrassé ses genoux pour lui demander quelques secours en faveur d'une mère infortunée de douze enfans, il la rassure, il satisfait à sa demande ; et cette digne femme, plus occupée de sa reconnaissance que de son respect, le serra dans ses bras en fondant en larmes. — Je vois un *bon roi*, dit-elle; je ne désire plus rien en ce monde.

Le récit de cette scène touchante passa de bouche en bouche : la renommée la publia

bientôt au loin.; et ce froid respect que le nom de roi n'im-
prime que trop souvent, n'é-
touffa plus dans les cœurs ces
mouvemens d'amour si natu-
rels aux *Français*.

A l'Aigle, la maîtresse de
l'auberge où dîna le roi ne
put contenir la joie de le voir.
Sa gaîté, sa simplicité l'en-
hardirent; elle l'embrassa ten-
drement comme un père; loin
de s'en offenser, de s'en défen-

dre, il accueillit cè transport
avec bonté.

La marche de cette journée
devait être fort longue, le roi
voulait arriver à Harcourt ;
et les habitans des différens
lieux par où il passa, ne purent qu'à peine jouir de la vue
de leur souverain. Ce prince
voyait leurs regrets, et cher-
chait à les adoucir, en ordon-
nant de ralentir le pas chaque
fois qu'ils approchaient de sa

voiture, en leur montrant par son accueil combien il était sensible à leurs vœux.

A Falaise, une surprise délicieuse l'attendait ; cinquante jeunes filles, uniformément parées en blanc et en rose, furent le touchant cortége qu'il reçut à l'entrée de la ville. Des fleurs étaient leur offrande : elles en couvrirent sa voiture, elles en parsemèrent sa route. Doux tableau des mœurs et de la simplicité, tu dus ravir un roi qui les honore, et en sent tout le prix !

Harcourt était le grand point de réunion ; on s'y était rendu de dix lieues à la ronde pour contempler ce monarque dont on ne connaissait encore que les vertus.

Le jour était déjà sur son déclin ; l'inquiétude et l'impatience agitaient tour-à-tour cette assemblée nombreuse et bruyante de laboureurs, de citadins, de nobles, tous égaux dans un jour où la présence de leur souverain était l'objet de leurs désirs, et devait être leur commune jouissance.

Le chemin était rempli de peuple, les arbres étaient couverts de jeunes gens, qui, toujours attentifs, s'écriaient au moindre nuage de poussière :

Voilà le Roi!.... et chacun de regarder, de s'élever, de voler au-devant de ces nuages, qui bientôt s'évanouissaient à leurs yeux.

Enfin il parut.... A la vue de la foule immense qui l'environna, son premier soin fut d'ordonner d'*aller au pas ;* attention qu'il réitéra dans cent autres circonstances, à la honte de tant de personnages qu'on voit abandonnant ce soin à des guides aussi impitoyables qu'eux.

Ce signal de bonté toucha sensiblement le public, dont les acclamations ne firent qu'accroître jusqu'au château.

Là, par une sorte de respect, se fit le plus grand silence : la famille d'Harcourt était réunie pour recevoir S. M. ; mais cette réception parut moins celle d'un Roi que d'un ami.

La disparition momentanée du Roi mit le peuple en alarmes ; sa joie n'en éclata que plus vivement quand il reparut à souper, ayant à ses côtés,

Les duchesses d'Harcourt.

de Beuvron.

Les marquises d'Harcourt.

de Guerchy.

de Tilly.

d'Hautefeuille.

de Reigecourt.

La comtesse d'Ollyamson.

Les demoiselles d'Harcourt.

de Beuvron.

de Mortemart.

Les princes de Poix.

de Léon.

Les ducs de Villequier.

de Polignac.

de Coigny.

d'Harcourt.

de Mortemart.

Les marquis de Guerchy.

d'Aumont.

de Pontécoulant.

d'Héricy.

d'Hautefeuille.

de Ménilet.

Les comtes de Thiars.

de Faudoas.

de Blangy.

Les chevaliers de Montaigu.

de Belleroy.

Une aimable gaîté animait ce repas, la sérénité brillait sur tous les fronts, et la physionomie du Roi décelait le contentement de son cœur : chacun en recherchait, en recevait un sourire, un mot obligeant, et l'allégresse des convives se communiqua bientôt à tous les spectateurs. La garde prétendait en vain contenir la multitude animée ; elle voyait son Roi, ce n'était point assez, elle eût voulu le voir de plus

près encore. La continuité ,
l'ivresse de ses démonstrations
excitèrent l'attendrissement de
S. M. Quelques larmes échap-
pées firent connaître à la duchesse le besoin qu'avait ce
prince de soulager son cœur
par quelques traits de bienfaisance envers ce peuple affectionné,

Six déserteurs étaient dans
les prisons de Caen ; leur pu-
nition devait être prochaine : la

duchesse demanda leur grâce.

— Qu'ils vous la doivent, madame, lui dit-il ; qu'elle soit l'époque d'un si beau jour !...

La duchesse voulut annoncer cette heureuse nouvelle ; sa joie, ses pleurs la suffoquèrent; le duc, son époux, l'annonça hautement. Une voix céleste n'eût pas produit une plus vive sensation ; le grenadiers commis à la garde, le public, tous d'un commun transport, levant les mains vers le ciel, redoublèrent ces acclamations si touchantes , quand elles sont mérités : Vive le Roi ! vive Louis XVI ! vive ce bon Roi ! *—Vivez vous-mêmes , mes enfans !* s'écria-t-il dans un élan de sensibilité. . . . O Henri ! l'idole des Français, proféras-tu jamais des paroles plus dignes de leur amour ?

La nuit s'avançait, le repos devenait nécessaire ; il passa dans son appartement, laissant tous les cœurs pénétrés de sa présence et de sa bonté.

Caen fut bientôt instruit de ces touchans détails; les différens récits ne firent qu'accroître la juste et vive impatience où les habitans de cette ville étaient de voir ce monarque voyageant en père.

Le lendemain, dès l'aube du jour, plus de vingt mille personnes étaient en attente, se livrant d'avance à la joie la plus franche.

Le 22, à dix heures, le duc de Coigny, gouverneur, y arriva pour annoncer le Roi, qui parut presqu'aussitôt sur la place des Casernes. Le duc d'Harcourt, qui l'accompagnait, descendit de sa voiture, et se joignit au duc de Coigny pour la présentation du corps de ville.

Le comte de Vandeuvre,

maître, eut l'honneur d'offrir à S. M. les clefs, dont elle considéra le travail et l'inscription; *Cordibus apertis inutiles;* Inutiles où les cœurs sont ouverts.

Le duc de Coigny s'était réservé pour une offrande bien plus flatteuse sans doute, celle d'un placet, où les vœux du corps municipal s'unissaient aux siens pour obtenir de S. M. la permission d'élever sa statue.

Le Roi se montra très-sensible à cette demande que l'amour de sa personne avait dictée.

Tout se trouva prêt, et l'on vit à regret le départ précipité de ce Prince. — *Surtout*, répéta-t-il, *qu'on aille doucement...* Le public entendit cet ordre avec reconnaissance; et ses expressions, ses mouvemens attestèrent à S. M. combien il était facile de passionner un peuple aussi sensible.

Le Roi n'eut pas fait deux cents pas , qu'une couronne de fleurs descend, et se présente à sa portière. Il regarde et voit un jeune enfant. L'innocence est si touchante ! il veut le caresser : l'enfant s'intimide , et perd connaissance. S. M. ne peut qu'ordonner de prompts secours.

L'ordre qui régnait dans le défilé des voitures, la quantité de spectateurs de tous sexes , de toutes parures, accumulés aux fenêtres, en faisant retentir les airs d'acclamations, donnaient à cette marche je ne sais quoi de religieux et d'imposant ; mais lorsqu'au milieu de la ville le public n'eut plus de frein de la police militaire, son impétuosité fut sans bornes, et le peuple devint une barrière au passage du Roi.

Le zèle et l'impatience animaient les personnes de sa gar-

de ; mais sa modération en cal-
mait les effets. Un homme im-
prudemment exposé sous les
roues de sa voiture, voulant
saisir la portière pour se déga-
ger, posa sa main sur celle du
Monarque ; le capitaine des
gardes le réprimandait juste-
ment de cette témérité ; mais
le Roi lui dit avec douceur :
*Laissez-le, tout cela me fait
grand plaisir.*

Ce vertueux Prince ne cessait de s'écrier, au milieu de ce désordre tumultueux : Mes enfans , prenez garde , vous vous ferez blesser....

Grâces à cette attentive sollicitude, il n'arriva nul accident, et S. M. parvint enfin à l'extrémité de la ville. Là, ce même enfant qui l'avait intéressé, lui reparut sur un groupe de bras, tenant dans ses mains un placet. Il bégayait quelques mots, que la bonté du Roi daigna interpréter en agréant sa requête, et s'y montrant propice.

Il découvrit la campagne, et n'entendait plus que le murmure éloigné des habitans de Caen, lorsqu'il se vit environné de nouveau par ceux des hameaux circonvoisins, également empressés de le voir. S. M. fit arrêter sa voiture, et leur témoigna les mêmes bontés.

A trois lieues de là, respirant enfin au milieu des champs, le Roi ressentit le plus piquant appétit. Il fit faire halte au premier village, et descendit dans un cabaret qui s'y trouva. Les bonnes gens de cette maison auraient voulu se cacher, tant leur trouble et leur embarras étaient extrêmes ; il les eut bientôt rassurés. — Avez-vous des œufs frais ? — Oui, tout chauds. — Et du beurre ? — Il sort de la barate. — C'est excellent. Le Roi s'assied sur un banc de bois, se fait servir sur la table des voyageurs, veut manger du gros pain de ménage, et le savoure avec délices.

De bouche en bouche on s'avertit dans le village ; insensiblement les paysans se rassemblent ; et, malgré leur timide contenance, le Roi vit dans leurs yeux qu'il en était aimé ; aussi voulut-il qu'ils bussent et largement à sa santé.

Une villageoise se tenait à l'écart, et ne partageait ni la gaîté, ni la société de ses compagnes. Cette singularité frappe le Roi, il la fait approcher.

Qu'avez-vous donc, jeune femme ? car elle en avait les indices honorables. — Monseigneur, je suis enceinte d'un garçon que ma mère me refuse pour mari ; daignez me l'accorder, dit-elle en pleurant amèrement, et tombant à ses genoux.

—Votre état est blâmable , lui répliqua le Monarque d'un ton sévère ; mais votre demande est légitime : je veux que vous soyez mariée pour mon retour. Je vous dote en faveur de l'enfant que vous portez.... On s'empare de la jeune fille, on la félicite sur l'heureuse circonstance qui lui rend l'honneur et la joie; le carillon du village se fait entendre pour annoncer aux hameaux d'alentour l'allégresse et l'admiration dont la justice et la bonté du Roi viennent de remplir tous les cœurs.

Bayeux s'offrit bientôt à la vue de S. M. Sur la route on lui fit remarquer la position du fameux camp de Vaussieux, où, malgré les grands talens du général qui le commandait, le baron de Luckner fit valoir avec avantage ces stratagèmes de guerre, qui, bien conçus, non-seulement résistent, mais suppléent quelquefois à des forces supérieures.

La journée s'avançait rapidement, il restait encore plus de vingt lieues à faire pour arriver à Cherbourg, où le Roi devait coucher; il ne put donner que peu d'instans à la ville de Bayeux, où de nouveaux hommages l'attendaient. Le comte de Saint-Waast, officier-général plus qu'octogénaire, dont les premières armes datent de Louis XIV, lui fut présenté ; ce Prince l'accueillit, vanta ses services, et porta l'attention jusqu'à recommander aux grenadiers la garde de ce vénérable militaire.

Sacrifions quelques détails pour en venir à de plus importans. Jusqu'ici, Sa Majesté, livrée tout entière à la plus intéressante réciprocité d'amour envers ses sujets, va montrer que l'utilité publique est pour son cœur une passion dominante. Roi observateur et curieux, s'il questionne, c'est pour apprendre ce qu'il ignore encore ; s'il examine , c'est pour reconnaître ce que la théorie ne lui avait qu'indiqué : sachant toujours encourager, applaudir à propos, et partout exciter l'émulation et l'honneur.

Cherbourg attendait impatiemment la venue d'un Monarque, dont la renommée de bonté, de sensibilité, le précédait, se réalisait en tous lieux. Vers les dix heures et demie du soir, les habitans de la montagne annoncèrent par leurs cris que ce Prince arrivait.

On avait disposé des illuminations sur le long chemin qui conduit de la montagne à la ville, ainsi que sur les pourtours du port, et sur le nombre infini de bâtimens qui se trouvèrent dans la rade ; ce qui produisait l'effet le plus brillant, par les réverbérations radieuses et multipliées du sillonnement des flots. On avait fait en outre, sur la place où devait passer S. M., un portique accompagné de pyramides artistement illuminées ; et ces divers points de vue, la plupart nouveaux pour elle, la surprirent agréablement.

La mer était tranquille, l'air

serein, le ciel étincelant; tous les habitans s'agitaient, se pressaient sur le passage de leur Souverain, en célébrant ses louanges et son heureuse arrivée; l'église apparut elle-même dans toute sa majesté, le dais et l'encensoir à la main, persuadée qu'un bon Roi sur la terre a des droits aux mêmes honneurs que la Divinité, qu'il représente.

En descendant à l'abbaye,

le Roi ne fut pas moins flatté que surpris de retrouver la duchesse d'Harcourt, qu'il croyait avoir laissée dans son château, mais qui s'était empressée de le devancer pour jouir encore du bonheur de le recevoir.

Les maréchaux de Castries et de Ségur s'y trouvèrent également, ainsi que

La marquise de Guerchy.

Les ducs de Liancourt.

de Guiche.

Les ducs de Polignac,

de Beuvron.

de Chabot.

de Mortemart.

Les marquis de Guerchy.

d'Aumont.

de La Fayette,

qui tous soupèrent avec S. M.,
dont le coucher fut à minuit.

Le vicomte de Tavannes,
colonel-commandant du régiment de la Reine, eut l'honneur d'en recevoir l'ordre.

Les mesures étaient prises

pour mettre à flot, le lendemain, une des tours côni-
ques (*), dont l'admirable in-

(*) Chacune de ces tours côniques a cent
quarante-deux pieds de diamètre à sa base,
et soixante à sa partie supérieure, sur
soixante d'élévation.

La charpente qui compose ce cône,
avec les tonnes qui le soutiennent sur
l'eau, pèsent deux millions huit cent cinquante livres.

Arrivé sur le lieu où il doit être fixé,
les tonnes en sont aussitôt dégagées, puis
on l'enveloppe de trente toises de pierre
pour l'assujétir au fond de la mer ; ensuite

vention et la solide existence rendront ce règne à jamais mémorable ; et son flottage devait commencer dès quatre

on en remplit l'intérieur par trente ouvertures, ménagées à différentes hauteurs, pour faciliter l'abord des barques chargées de pierres.

Bientôt cette masse invariable, consolidée par le gluten de la mer, qui le cimente, par le varech et les coquillages qui s'y attachent, devient enfin un véritable rocher de deux mille sept cent cinquante toises cubes, dont le poids est évalué quatre-vingt-seize millions de livres.

heures du matin, à la marée
montante.

Sans égard pour ses fatigues,
ni pour les courts momens
qu'il donnerait au repos, le
Roi ne voulut rien changer
aux dispositions de cette opération, et dès trois heures il
était sur pied.

Après avoir entendu la
messe, il se rendit sur le chantier des travaux, vêtu d'un

habit écarlate, ayant la bro-
derie des lieutenans-généraux,
parsemé de fleurs-de-lys d'or.

Les officiers de la marine
l'y attendaient ; il les fit ran-
ger en ligne, et prit leurs
noms au crayon, en leur disant
obligeamment : Il faut bien
que nous fassions connaissance.

A trois heures et demie, la
marée commençait à se faire

sentir; le Roi s'embarqua dans un superbe canot que le duc d'Harcourt avait fait préparer. Son habit s'étant empreint de goudron, on lui proposa d'en changer, Non, dit-il, non; il m'en plaît davantage.

Le canot voguait lentement, et ses dix-huit rameurs l'eurent bientôt fait parvenir à l'endroit désigné pour le placement du cône, où S. M., malgré les premières impressions de ce

fier élément, observa très-lon-
guement les dispositions pré-
paratoires.

Cet examen fait, le Roi
gagna le cône par lequel a
commencé cette merveilleuse
construction, distant à peu
près de cinquante toises, du
côté de l'est. Il y monta, par
des degrés qu'on y avait adap-
tés à son sommet, et se plaça
sous une tente qui s'y trouva
dressée.

Ce fut de cette éminence qu'il jouit du coup-d'œil le plus varié et le plus enchanteur, d'une étendue de mer immense, dorée par les rayons naissans du soleil ; d'une escadre ornée de tous ses pavois, et fleurie ; d'une multitude de bâtimens nationaux et étrangers, les banderoles flottantes, environnant le cône royal, et faisant retentir aux oreilles du Monarque français leurs cris unanimes d'allégresse ; l'ap-

pareil intéressant de cette ro-
che artificielle, que le génie
humain allait fixer au milieu
des flots vainement mutinés ;
la marche imposante de cette
masse majestueuse ; et la vue
d'un peuple innombrable assemblé sur le rivage, les yeux
attachés sur sa personne, lui
prouvant par ses transports
combien elle lui était chère et
précieuse.

La symphonie du régiment

3*

de la Reine, les salves combi-
nées de l'artillerie des forts et
de l'escadre, animaient ce tableau magnifique.

L'accident causé par la dé-
tente d'un cabestan , qu'un
mouvement subit du cone fit
dériver, suspendit tout à coup
cette allégresse générale. Le
Roi se couvrit le visage de ses
mains en voyant le danger
que coururent alors quelques
malheureux travailleurs ; et la

manière pressante avec laquelle il dit à son chirurgien d'aller secourir ces braves gens, dut prouver combien son cœur magnanime gémirait à la vue de ces déplorables boucheries d'hommes, dont on éloigne les Rois, dont on leur pallie les affreux détails, et dont on devrait au contraire leur faire contempler les horreurs, pour réveiller en eux des sentimens flétris par de funestes préjugés, trop faiblement combattus

par les organes de la religion et
de la philosophie.

Il ne borna pas là les effets
de sa sensibilité; s'étant fait
instruire des suites de ce mal-
heur, et sachant qu'un de ces
infortunés venait d'expirer, il
assura sur-le-champ une pen-
sion à la veuve, et fit donner
aux autres des consolations
non moins paternelles.

En cinq heures et demie de

remorque, le cône parvint au point donné pour son échouage. M. de Cessart, créateur de cette glorieuse entreprise, demanda les ordres du Roi pour l'immersion, qui fut exécutée en vingt-huit minutes.

Elle eut cela d'intéressant, que, les couteaux n'ayant pas également détaché les tonnes, la caisse parut un instant prête à chavirer ; et cette circonstance causa d'abord assez d'inquiétude ; mais les officiers-ingénieurs chargés de l'opération, réussirent bientôt à la redresser, et sa submersion eut tout le succès désiré.

Le Roi témoigna beaucoup de satisfaction à M. de Cessart, et n'oublia pas que les louanges méritées sont la plus juste et la plus noble récompense des grands talens.

On servit un ambigu sous

le pavillon ; le Roi fit placer à ses côtés la duchesse d'Harcourt et la marquise de Guerchy ; tous les seigneurs et officiers - généraux qui l'avaient suivi, le furent selon leur rang.

A trois heures, il rentra dans son canot pour parcourir la rade. Le duc d'Harcourt fit diriger la marche le long des cônes, et il parut observer la digue de pierres qui leur sert de base et de chaîne, et que la

basse mer laissait déjà décou-
verte.

Il prit terre à l'île Pelée, qui
se trouve dans le même aligne-
ment, et doit protéger l'entrée
du nouveau port. M. de Cau,
directeur des fortifications, attendait S. M. pour démontrer
le plan de défense qu'il faisait
exécuter sur cette île, dont il
se proposait de faire un fort
inexpugnable. Quoique très-
attentive à tous les détails que

lui donnait cet estimable et ancien militaire, elle remarqua qu'il se tenait debout avec peine, et le força de s'asseoir, continuant à l'interroger et à l'écouter avec autant de sagacité que d'attention.

Satisfait de la belle ordonnance de tous les ouvrages, le Roi voulut encore juger de leur solidité. La manœuvre du canon des casemates fut ordonnée ; mais, malgré la décharge générale de toute l'artillerie, les voûtes n'en ressentirent aucun ébranlement. S. M. ne pouvait féliciter M. de Cau d'une manière plus flatteuse, qu'en donnant à ce fort le nom de Fort-Royal.

Le Roi se rendit ensuite à la fosse du Gallet, où il débarqua pour examiner le projet de bassin qui doit être assis dans ce lieu, couvert de trente pieds d'eau pendant les grandes marées.

Le peuple, qui bordait la côte, suivait tous les mouvemens de son monarque ; désirant, cherchant toujours celui qui devait enfin le ramener à ses vœux ; et quand il approcha du chantier des constructions, plusieurs centaines d'enfans se jetèrent à la mer autour de son canot, qu'ils investirent, semblables à de jeunes tritons, nageant, bondissant, mêlant leurs naïves acclamations à celles qui partaient du rivage.

Touché de ces marques in-
nocentes d'empressement, d'a-
mour, il s'occupait avec intérêt du péril de ces enfans, et
les pressait en père de ne pas
s'exposer.

Enfin, le Roi quitta la mer,
et son retour fut signalé par
une triple salve des forts et de
l'escadre, ainsi que par les
bruyans applaudissemens d'un
peuple nombreux, transporté
de l'ardeur et de la constance

que ce Prince venait de manifester dans des observations aussi pénibles, en tenant la mer, dès la première fois, plus de quinze heures consécutives.

Il prit quelque repos, et reparut à souper. Tous les officiers-généraux de terre et de mer, les capitaines de vaisseaux et les colonels de la province, qui, sur son agrément, s'étaient rendus à Cherbourg, y furent admis. Le public y jouit, comme les autres jours, de ses entrées.

Le lendemain, à sept heures, S. M. reçut les hommages de tous les corps. Dix-huit Anglais, d'un rang distingué, parmi lesquels était le neveu de milord duc de Richemond, demandèrent la permission d'être présentés ; faveur qu'elle leur accorda, et qu'elle accompagna de la réception la plus flatteuse.

Le Roi se rendit bientôt à ses occupations favorites, et s'embarqua pour aller à bord de l'escadre d'observation qui mouillait devant Cherbourg.

Cette escadre légère, composée du vaisseau *le Patriote*, et d'une vingtaine de frégates, flûtes, corvettes et gabarres, était d'abord munie de tout ce qui pouvait en rendre l'appareil plus brillant : la musique du corps royal des canonniers était sur *le Patriote*.

Dès que le Roi parut, le signal d'appareiller fut donné ;
l'escadre prit le large, et forma
deux divisions, à la tête des-
quelles étaient MM. de Charité
et de Soulanges.

S. M. ne prétendait pas seulement jouir du spectacle intéressant qu'elle allait lui présenter ; elle voulait encore satisfaire sa curiosité par tous les
détails capables d'ajouter à ses
notions théoriques la connaissance locale des moindres par-

ties du vaisseau qu'elle montait. Les comtes d'Hector et de Rions secondèrent pleinement le zèle de leur maître, tant à cet égard que sur le bel art de la navigation : ce qui n'est pas faire un faible éloge de ces officiers; car on peut hardiment assurer, d'après l'aveu fidèle d'un ancien marin, qui s'est trouvé tête à tête avec ce Prince, que ses questions l'ont plus d'une fois autant embarrassé, que ses connaissances et ses citations précises l'ont étonné.

Ce fut au milieu de ces observations, que le Roi livra, pour un moment, le comte de Rions à cette perplexité dont l'issue devait tant accroître sa reconnaissance envers un maître aussi juste que délicat dispensateur de ses grâces. — Il manque quelque chose au *Patriote*, dit-il. Le comte, étonné, semblait demander : Quoi, Sire?

Le monarque ajouta en souriant : Le pavillon de lieutenant-général , que je vous ordonne de faire hisser à votre bord.

L'escadre, parvenue à la distance d'environ quatre lieues , fit diverses évolutions , dont la célérité plut infiniment à S. M. ; puis elle simula la dispute du vent, l'avantage de la position , l'attaque d'un convoi , le démâtement d'un vaisseau, l'amenée d'un pavillon, un abordage corps à corps, d'où s'ensuivit enfin une action·générale.

La variété de ces manœuvres s'était emparée de toute l'attention du Roi. Surpris, néanmoins, que le *Patriote* n'y prît aucune part, il marqua son étonnement au comte de Rions, qui lui rappela que l'étiquette ne permettait ni feu ni poudre sur un vaisseau qu'il honorait de sa présence; mais, sans égard pour cet usage, il voulut juger de la commotion du navire lors du tirer, l'effet du ricochet des boulets sur mer, et l'on complut à S. M. par quelques canonnades.

Ces bordées subites étant prises pour un signal de salut, les batteries des forts et de l'escadre y répondirent aussitôt par une triple salve; et tous ces tonnerres réunis produisirent une explosion si terrible, qu'elle retentit jusqu'à l'île de Wight, sur les côtes d'Angleterre ! !

Enfin, vers les cinq heures et demie, le ralliement fut signalé par le vaisseau amiral, et toute l'armée, formant une ligne de bataille, se rapprocha du mouillage, virant vent devant par la contre-marche, pour défiler devant le pavillon du Roi. Les vents ayant manqué, l'escadre ne put se rapprocher

de la rade, et mouilla en de-
hors.

Enchanté, le Roi rentra dans
son canot, et vint débarquer
au milieu d'une foule prodigieuse, impatiente de le revoir,
de donner un libre essor à la
juste admiration que l'activité,
la sollicitude de ce Monarque
lui inspiraient.

Le plaisir si délicieux de donner à son peuple des preuves

aussi frappantes de la dignité de ses penchans et de l'utilité de ses occupations, ne pouvait que disposer ce Prince aux plus douces émotions : au milieu des transports universels et des acclamations réitérées de Vive *Louis XVI!* vive ce *bon Roi!* il s'écria lui-même avec sensibilité : Vive mon *Peuple!*..vive mon *bon Peuple!* paroles sublimes et sacrées qui devraient être gravées en lettres d'or aux pieds des statues, comme elles

le sont dans tous les cœurs sen-
sibles , comme elles doivent
l'être dans les plus belles pages
de son histoire.

Le 25 , l'ardeur du Roi ne
faisait qu'accroître ; dès sept
heures , le lendemain , il était
dans son canot pour se rendre
à la pointe de Querqueville , à
deux lieues de Cherbourg , où
l'on doit construire une cita-
delle pour défendre l'une des
passes de la rade.

4*

Quoique le vent fût frais et la mer élevée, il regardait, observait, interrogeait sur tout. Ayant examiné l'emplacement et les projets des fortifications qui devaient être faites à ce poste important, il alla visiter plusieurs vaisseaux de l'escadre, et même de petits briks marchands, pour en comparer les diverses dimensions. Il alla ensuite dîner à bord du *Patriote*, où tous les officiers de l'armée, ravis d'admiration

pour ses connaissances maritimes et sa frugalité , recon-
nurent en leur Prince un chef
digne de les commander.

Quelques faits de la dernière
guerre ayant été rappelés avec
peu d'exactitude , le Roi cita
les époques, les noms des vaisseaux, des officiers qui les com-
mandaient , et les moindres
particularités des circonstances dont il était question.

Au milieu des mets recher-

chés dont la table était couverte, le Roi vit un pâté qu'on
semblait dédaigner. Il demande
ce qu'il renferme. — Du pois-
son salé, lui dit-on ; c'est la
ressource des marins en mer.
Le Monarque veut en goûter.
— *Je le préfère*, dit-il, *à tous
ceux de Versailles.*

S. M. choisit cette occasion
pour déployer sa magnificence
royale, en distribuant aux uns
de riches présens , en récom-

pensant les autres par des grâces, en encourageant ceux-ci par l'espoir d'un prompt avancement, en accordant à ceux-là de ces faveurs qui dédommagent les Français de tout, celles d'être distingués par un mot, par un regard, par une approbation de leur souverain.

Sept officiers auxquels il manquait encore quelque tems de service pour avoir la croix militaire, la reçurent des mains

de S. M., qui nomma lieute-
nant de vaisseau le premier
élève de la première classe qui
se trouvait de service sur le
Patriote.

Les équipages ne furent point
oubliés de ce maître, attentif
appréciateur de leurs peines ;
il leur fit donner *huit cents
louis d'or*.

L'après-midi, le Roi revint
dans les chantiers des caisses ;

il y vit la carcasse d'un cône que la basse mer laissait à sec, en admira la structure et l'énorme grosseur, vit jouer un des couteaux dont l'ingénieux ressort sert à en détacher les tonnes, et réitéra ses marques de satisfaction à M. de Cessart.

Parcourant tous les autres chantiers et ateliers, il gagna le fort du Haut-Mai, qui doit protéger le centre de la rade, prit son canot au fort du Hommel , se rendit dans le port marchand, où il ouvrit le pont-tournant, dont il examina le mécanisme ; gagna les forts Buquets et Longlet ; puis surgit près celui d'Artois , d'où, après en avoir long-tems considéré les ouvrages , il monta dans sa voiture, entouré , suivi d'une multitude innombrable qui ne cessait de l'applaudir, de le bénir comme un maître vigilant et un père affectionné.

Que pouvait-il manquer à
l'ardente curiosité du Roi? port,
vaisseaux, manœuvres, constructions, tout avait passé sous
ses yeux ; et, dans l'espace de
trois jours, il en avait rappro-
ché ce que bien des souverains
n'ont pas daigné voir dans le
cours d'un long règne. On lui
réservait cependant encore un
spectacle nouveau : c'était l'em-
brasement d'un navire ; mais
il le rejeta. Ces foudres incen-
diaires qu'un siècle philosophe

a vu, non sans effroi, s'allu-
mer, furent vainement prépa-
rés ; et le navire ancré pour
être dévoré par les flammes,
devint l'aliment des pauvres
par le produit de la vente qu'en
ordonna Sa Majesté.

Tout bonheur a son terme,
et les habitans de Cherbourg
virent avec douleur que celui
de leurs jouissances était arrivé ; ils perdirent ce Prince

le lendemain, à cinq heures du matin.

Bien d'autres Rois ont, comme lui, répandu des bienfaits ; et l'on apprendra sans surprise qu'il ait satisfait à tout ce que l'on doit attendre de la gratitude, de la grandeur d'un souverain équitable envers les talens et le zèle de ses sujets ; qu'il ait provoqué toutes les demandes justes qu'on eût pu lui faire en faveur des malheureux et de leurs asiles ; mais quel est le monarque dont l'histoire rapporte un aussi beau trait de magnanimité , que celui de faire annoncer par le ministre des autels, à son peuple assemblé , *que , touché des témoignages d'attachement qu'il en avait reçus , il l'assurait de toute son affection paternelle ?* Louis XVI l'aura consacré dans les annales de Cherbourg !

Le Roi devait se rendre le

même jour à Caen, pour dédommager cette ville des trop
courts momens de sa première
apparition; et, vers les six heures du soir, il arriva.

Les têtes et les cœurs s'étaient
exaltés par l'espérance de revoir
bientôt cet affable et bon Monarque. La rue principale formait un berceau charmant de
verdure, l'espace d'un quart
de lieue ; et, de distance en
distance, régnaient des guir-

landes et des couronnes de fleurs.

Le corps municipal, une compagnie de cinquante jeunes gens vêtus tous en blanc, avec des écharpes bleues, portant des branches de laurier, et de jeunes filles dans la même parure, chargées de corbeilles de roses, l'attendaient à l'entrée de la ville pour le recevoir et l'accompagner; mais ni sa présence, ni la magnificence de son cortége ne purent contenir l'ivresse publique ; le désordre régna jusqu'au moment où les lignes du régiment d'Artois s'opposèrent à la tumultueuse affluence, et firent jouir le Roi du coup-d'œil intéressant de sa suite.

Arrivé dans ce bel ordre aux casernes, il mit pied à terre, pour y poser la première pierre du nouveau bâtiment que l'on construisait à son régiment ;

mais il la brisa en voulant la fixer. Cette petite aventure l'égaya beaucoup, et le public n'en applaudit que plus à la vigueur de son bras.

Il alla au Cours de la reine, s'y promena quelques minutes, en admirant son agréable situation.

Il se rendit ensuite au chantier des constructions, et alla examiner tous les travaux du

nouveau canal. En entrant dans
une barque pour traverser la
rivière, ce Prince se blessa lé-
gèrement à un petit éclat de
bois contre lequel sa jambe
avait porté; mais, au lieu de se
plaindre, il s'occupa de l'arracher; et, comme on s'étonnait
de la peine qu'il prenait, il dit
que c'était pour éviter à d'au-
tres le mal qu'il s'était fait à
lui-même.... Quel trait! mais
le louer, ce serait l'affaiblir.

5

Ayant examiné l'état des lieux et des travaux, s'étant fait rendre compte des plans arrêtés pour leur continuation, il rentra par les jardins de l'hôtel d'Harcourt, où tous les corps l'attendaient, et lui furent présentés.

Le Roi les interrogea sur tout ce qui pouvait intéresser l'utilité publique ; et, d'après la représentation des maire et échevins, dont le duc d'Harcourt partage et soutient si noblement le zèle patriotique, S. M. donna *huit mille livres* à l'hôpital général.

Son cœur était ouvert pour tous les malheureux. On n'a pas oublié qu'au fatal événement du 30 mai 1770, n'étant encore que Dauphin, ce digne Prince envoya tout l'argent dont il put disposer pour soulager les plus infortunées victimes de cette catastrophe : sur l'exposé de M. de Brou, intendant, aimé et respecté de ce département, il accorda *vingt mille francs* pour être répartis dans les campagnes maltraitées depuis peu par la grêle. Une jeune personne était contrariée dans une inclination honnête par des considérations de fortune ; le duc de Coigny rendit la circonstance favorable à cette union, en réclamant de la bonté du Roi ce qu'il en obtint aussitôt, une dot pour les jeunes époux.

Bien d'autres grâces furent demandées ; mais il était de la prudence de les réserver à l'examen. Tout ce qu'a dû promettre ce Prince, c'était d'avoir égard à celles qui le mériteraient ; et l'on a pu compter sur la sainteté de ses promesses.

Il rentra dans le salon, et tint quelque tems appartement

avec la duchesse d'Harcourt
et les dames qu'elle avait présentées.

Le souper fut annoncé ; ce
signal réjouit vivement le public impatient de revoir le Roi.
Pour donner à ce banquet un
air de fête et de liberté, qui ne
dérobât point au peuple la satisfaction de contempler son
Souverain, et de lui prodiguer
ses hommages, le duc d'Harcourt avait fait élever dans ses

jardins le plus joli pavillon. Ces précautions étaient celles d'un père pour ses enfans; et l'on sait que ce gouverneur citoyen ne montre point d'autres sentimens envers les habitans d'une province qu'il régit moins comme un dépôt de l'autorité, que comme un domaine de sa maison.

Le souper fut nombreux et brillant, la même société d'Harcourt le composait : il y avait de plus la comtesse de Faudoas, que S. M. voulut bien dispenser de la présentation, les ministres et seigneurs qui s'étaient réunis à Cherbourg, tous les officiers supérieurs et les colonels qui se trouvèrent dans la province. Une musique d'autant plus délicieuse, qu'elle est exercée à plaire à l'oreille instruite et délicate de la duchesse, entretenait une aimable urbanité parmi ces illustres convives, en tempérant les bruyans transports auxquels s'abandonnait le public. Le Roi prenait plaisir à tous ces mouvemens, et prouvait, comme dans d'autres circonstances, combien son caractère est sensible et populaire.

La délicatesse des attentions a des nuances imperceptibles pour les ames vulgaires ; mais la duchesse d'Harcourt n'ignorait pas ce qu'elles ont de prix pour celles d'une trempe élevée. Le vif intérêt qu'avait pris le Roi aux opérations de Cherbourg, le plaisir avec lequel il en parlait si souvent, ne lui avaient point échappé : elle s'était hâtée d'en faire reproduire l'imitation en sucreries, pour l'offrir sous ses yeux à son retour ; ce Prince, en effet, parut enchanté, lorsqu'il vit s'avancer sur le couvert différens plateaux garnis de cônes, bastions et vaisseaux, qui lui rappelèrent des souvenirs agréables.

La nuit était belle, tous les cœurs étaient dans la joie, les santés du Roi se prolongèrent long-tems ; et la plupart des citoyens, incertains de l'heure de son départ, préférèrent le sacrifice de leur sommeil au regret de n'avoir point adressé leurs vœux et leurs adieux à ce Monarque.

Il partit. Le peuple le suivit long-tems, signalant ses regrets par les mêmes cris qui avaient

été les interprètes de son allégresse : enfin il disparut à leurs
yeux, mais il laissait son image
dans tous les cœurs.

Jusque là le Roi n'avait vu
dans les démonstrations des
habitans de cette province que
l'effusion vive et franche de
leur sensibilité; il n'avait point
encore reconnu cette subtilité
d'esprit qui les distingue. L'occasion va s'en offrir, et fera
naître un de ces traits heureux

qui suffisent pour caractériser un peuple.

S. M. venait de traverser cette superbe vallée d'Auge, qui, par l'étendue de ses verts pâturages, semble opposer un paisible contraste à cette mer agitée qui la baigne. Sa voiture montait lentement la montagne de *Saint-Laurent;* un paysan s'en approche, et chante des couplets à la louange du Roi-Voyageur. — *Fort bien,* lui dit le Monarque, d'un ton amical ; *ta chanson est jolie : qui l'a faite ?* — Ah ! pardinge, monseigneur, c'est moi ! — *Toi ! comment. . . . bis, bis,* s'écria-t-il. — *Bis,* répond le Normand ! qu'est-que ça veut dire ? — *De recommencer ta chanson.* — Très-volontiers ; et le chanteur d'entonner à pleine voix. Le Roi prend sa bourse, et lui donne quelques louis. Le malin Normand les reçoit d'une main ; montrant l'autre, *Bis,*

Sire, *bis,* cria-t-il à son tour....
Le Roi rit beaucoup de cette
repartie normande, et la ré-
compensa généreusement.

Il fit halte à Lizieux, et dé-
jeûna chez le prélat de cette
ville. Les habitans ne purent
donner essor à leur zèle envers S. M., dont la marche
était commandée par la né-
cessité de profiter de la marée
pour le passage d'Honfleur,
où elle n'arriva qu'assez à tems

pour descendre de sa voiture
dans la corvette qui l'attendait.

Équipée sous le nom de
l'Anonyme, et commandée
par le sieur Castanaet, capitaine de la marine marchande,
elle avait un équipage de cinquante officiers de commerce,
qui, par un noble mouvement
de zèle, s'étaient offerts pour
faire le service de matelots,
sans être retenus par les con-

séquences d'un pareil dévouement, qui, quoique purement
volontaire, pouvait ajouter à
l'esprit de prédominance qui
divise un corps où les grands
talens sont si nécessaires, et
devraient seuls classer les in-
dividus, comme ils classent,
dans l'histoire, les *Jean Bart*,
les *Duguay - Trouin* et les
Tourville au même niveau de
gloire.

Les officiers avaient pour

uniforme un habit court de drap bleu galonné d'argent, veste, culotte et ceinture blanches ; et les matelots, un gilet de drap bleu, culotte blanche à la hollandaise.

M. de la Touche, capitaine des vaisseaux du Roi, commandait les manœuvres.

Le vent était peu favorable, il fallut courir des bordées : un orage, accompagné de vent et de pluie, s'élève et contraint de serrer une partie des voiles. Le Roi, aguerri par ses courses de Cherbourg, était sur le tillac comme un ancien marin, et remarquait toute la rive bordée de peuple, les yeux tournés vers lui.

La traversée fut de trois heures un quart : la corvette n'ayant pu que se mettre en travers à l'entrée du port, on détacha aussitôt un magnifique

canot pour aborder S. M. Les
mariniers, indignés de s'être
vus remplacés par leurs capitaines sur le bord de *l'Anonyme*, veulent montrer qu'ils
n'ont pas moins qu'eux le cœur
français, dès qu'il s'agit de
leur Roi. Quatre à cinq cents
se jettent à la mer, et, moyen-
nant des bricoles agencées à la
hâte, conduisent ainsi promp-
tement à terre leur Monarque,
vraiment pénétré de cet acte
d'amour et d'enthousiasme,

qui décèle si bien le courageux
dévouement avec lequel ils sa-
vent prodiguer leur sang pour
lui.

Que ce Prince savait se rendre digne de tels hommages !
A peine fut-il débarqué, que
la foule impatiente le pressait
de toutes parts. La garde allait
l'écarter durement ; *Laissez,
laissez-les s'approcher*, dit avec
bonté le Roi ; *ce sont mes enfans...* Ces paroles touchantes

et paternelles furent plus puissantes que les armes : le respect et l'attendrissement saisissant tous les cœurs, chacun se retire, et fait plus d'effort pour ouvrir un passage à son Souverain, qu'il n'en eût fait l'instant d'avant pour le lui fermer, par un excès d'impatience et d'amour.

Les plus grands et les plus magnifiques préparatifs étaient faits au Hâvre, pour le recevoir dignement. Des arcs-de-triomphe, des portiques, des ifs, des obélisques, se présentaient de toutes parts : les principaux monumens de la ville étaient revêtus d'emblèmes, que l'amour et les talens semblaient avoir mutuellement conçus et exécutés.

Sur la plage, on avait établi des degrés pour faciliter son débarquement.

Les cloches et le canon l'annoncèrent; les acclamations retentissent, et les femmes du port, dans leurs plus beaux atours, viennent offrir leur bouquet, que S. M. reçut de la meilleure grâce.

Le Roi, s'étant avancé vers l'avant-cour du palais, et apprenant que les dames s'y étaient réunies pour le voir, eut la condescendance d'en faire le tour. Sa physionomie rayonnait de satisfaction, en voyant

la joie que sa présence inspi-
rait, en entendant de toutes
parts ces mêmes applaudissemens qu'elle n'avait cessé d'exciter depuis plusieurs jours, et
dont il se trouvait toujours également ému ; tant il est vrai
que les jouissances du cœur
sont les seules inépuisables !

Parvenu sur le quai, il en-
tra dans le bassin, s'amusa
quelques momens à considérer
de jeunes mousses qui se dis-

putaient un prix, en tâchant
de marcher sur un mât de
moyenne grosseur, bien enduit
de savon, à l'extrémité duquel
était un chapeau bordé d'or.
En les voyant faire quelques
pas, chanceler, puis tout à
coup perdre l'équilibre, plon-
ger, reparaître, et retenter de
nouveau leurs essais, il com-
patissait à leurs efforts.

Les plus petits détails atti-
raient ce Prince observateur :

il voulut voir le chauffage d'un navire en radoub. L'arsenal n'échappa point à son inspection; ce dépôt de destruction parut affecter ce Roi pacificateur : il n'y fût qu'un instant, et continua le tour du bassin, promenant ses regards sur un nombre considérable de bâtimens disposés dans le plus bel ordre.

Près des glacis, il vit manœuvrer un détachement d'artillerie ; remontant ensuite sur les remparts , il se fit rendre compte par les ingénieurs militaires de la nouvelle enceinte, et porta son attention sur tout ce qui lui parut la mériter.

Continuant ses observations, il côtoya la barre, monta sur le bastion, et parcourut les corderies , pour examiner la fabrique de câbles : il était loin de s'attendre à la scène touchante qu'il allait y éprouver,

L'ame remplie d'une géné-
reuse entreprise, la dame Le-
roy, femme du geolier des prisons, après avoir suivi long-
tems les pas du Monarque,
sans trouver jour auprès de sa
personne, se flattait enfin d'en
approcher, et d'accomplir le
vœu de son cœur. Elle s'était re-
tirée dans un endroit obscur, de
peur qu'on ne la forçât de s'é-
loigner. Brave femme! tu cher-
chais ton Roi, et tu redoutais
sa garde!... Dès qu'elle le vit

paraître, Vive le Roi! s'écria-
t-elle, avec un ton d'enthousiasme et de dignité... Le Roi
s'arrête, la regarde; Sire, ajou-
te-t-elle, j'avais quatre fils à
votre service; ils ont péri dans
la dernière guerre; la seule faveur que j'ose vous demander,
est d'accorder la grâce à trois
déserteurs... Attendri, frappé
d'admiration, Que ne sont-ils
quatre aussi! lui répond vivement le Roi.... Je la leur ac-
corde : annoncez-leur la déli-

vrance qu'ils vous doivent....
Prince magnanime ! puisse ton
noble cœur résister toujours à
ce poison des flatteurs dont pul-
lulent les cours !!!

Voulant tout voir, il passa
sur les remparts de la porte
d'Ingouville, d'où il put dé-
couvrir le parc au bois de construction, la hève et une partie
du Perrey.

Il était près de huit heures

du soir ; le Roi se rendit enfin au palais, et reçut les officiers municipaux et les différens corps que lui présenta le duc d'Harcourt.

Il leur fit à chacun des questions relatives à leur place ; s'informa de l'hôpital, refuge si digne de l'attention du maître, surtout dans une ville où les gens de mer abondent en si grand nombre dans de fréquentes circonstances. Instruit que cet asile était dépourvu de linge, et que le renouvellement de cet objet monterait à sept mille francs, il chargea l'intendant de remettre aux administrateurs *neuf mille francs* pour être consacrés à cet usage essentiel. Les malheureux dont l'incendie du 5 janvier a dérangé la fortune, n'échappèrent pas au souvenir de ce Prince, qui leur assigna pareillement des secours convenables.

Il soupa ; trente personnes de l'un et de l'autre sexes furent admises à sa table : le corps de ville ne quitta pas son fauteuil, et tous les citoyens eurent la satisfaction de le voir.

On vit bientôt briller les belles illuminations qu'on avait disposées en différens lieux de la ville, et que diverses inscriptions rendaient d'autant plus intéressantes ; mais la plu-

part ne purent résister à la vi-
vacité du vent. Le Roi n'eût
pas vu sans une douce satisfaction que les actions de sa
vie, ou les sentimens de son
cœur, y fussent retracés pour
tout éloge. Le peuple eût ap-
plaudi, et retenu celles-ci :

« Jamais, dit-il un jour, n'oublions qui nous
    sommes ;
» Il sait qu'un Roi n'est rien s'il n'estime les
    hommes.
. . . .
. . . .
» Tels sont de ses vertus les précieux effets,
» Qu'il compte ses enfans en comptant ses sujets. »

Le lendemain, à son lever, le Roi reçut un tribut dont il parut être flatté : c'était un paon blanc qui lui fut présenté de la part de l'abbesse de Montivilliers, qui doit cet hommage à nos Rois lorsqu'ils passent sur le territoire de Lillebonne.

Vers huit heures, il se rendit à l'église de Notre-Dame, pour entendre la messe. Tout le clergé l'attendait sous le portail : la nef était couverte de tapis, et le chœur décoré par un trône. La comtesse de Villeneuve lui présenta la bourse des pauvres; le Monarque, avec autant de dignité que de grâces, y déposa la sienne.

A l'issue de la messe, une femme tomba à ses pieds, et lui remit en silence un placet, qu'il reçut avec bonté; ce qui fit éclater la reconnaissance du peuple, que l'affabilité des souverains console des injustices subalternes.

Le Roi monta dans sa voiture, pour aller sur la côte d'Ingouville, lieu charmant d'où l'on peut saisir une infinité de contrastes, également faits pour charmer les yeux, pour agiter le cœur, pour élever la pensée.

Ce monticule, très-adouci par ses extrémités, est planté de trois allées d'arbres, dont la principale égale au moins en largeur celle des Tuileries, et l'excède en longueur.

Aux environs du boulingrin de la dame D...., le Roi descendit de voiture, et monta sur sa terrasse, pour y jouir du superbe rideau qu'offre, vers l'orient, une vallée florissante, couverte d'arbres, de prairies, de moissons et de jolies métairies; une ville fortifiée qu'on voit à ses pieds, et dont l'œil aisément parcourt les rues dans toute leur longueur ; une forêt de navires qui semblent confondus avec les maisons et les clochers ; un bras de mer compris entre cette vallée et les côtes méridionales qu'on découvre au-delà de la Seine , et dont la chaîne continue jusqu'à l'horizon ; enfin, une quantité de vaisseaux qui voguent sur cette mer , les uns pour remonter la Seine, les autres pour entrer dans le port , et d'autres pour aller dans des parages éloignés.

A l'occident, la perspective la plus étendue, la plus heureuse : un espace de mer immense, dont la vue ne peut atteindre le terme ; une suite de côtes, jouant dans le lointain l'illusion des nuages quand le ciel est couvert ; offrant le tableau bizarre et gracieux de vallons et de montagnes, quand le ciel est pur et brillant. Si la mer se retire, on distingue le fleuve de la Seine, portant en tribut son onde jusque dans le sein de l'Océan; ou, si la mer s'élève, on la voit, refou- lant les eaux de la Seine, pé- nétrer dans son lit avec assez d'impétuosité pour en porter les mouvemens jusqu'aux con- fins de la province qu'elle ar- rose. Mais si les vents sont déchaînés sur cette mobile sur- face, toutes ces nuances dispa- raissent, la confusion règne, et l'on n'entend plus que l'affreux bruissement des vagues, ou les cris plaintifs des malheureux pilotes qu'elles menacent d'ensevelir dans leurs abîmes.

Le Roi s'abandonnait sans doute aux diverses réflexions que tant d'objets font naître : souvent il gardait le silence, ou bien il questionnait sur les différens sites de la Manche qu'il remarquait. Il regretta de n'avoir pas près de lui l'estimable naturaliste qui les a si souvent parcourus à l'avantage des sciences, l'abbé Dicquemare, dont l'entretien, les connaissances, n'eussent pu qu'ajouter au plaisir qu'il parut goûter d'autant plus vivement dans cette belle position, qu'il y resta plus de trois-quarts d'heure, marchant, contemplant, admirant.

Le peuple l'observait, et suivait des yeux tous ses mouve-

mens à travers les claires-voies :
il était pour lui ce que tous ces
grands spectacles de la nature
étaient pour son Monarque.

Le Roi, s'intéressant aux
moindres détails maritimes,
passa sur le Perrey pour y jouir
de la petite fête qu'on lui préparait : c'était un navire qu'on
allait lancer à la mer. Le clergé, quantité de dames et de
musiciens entouraient un fort

joli kiosque, disposé par l'armateur pour recevoir le Roi.

A son arrivée, mille voix re-
tentirent du haut de tous les
mâts des navires ; le son des
instrumens s'unit à elles, et
disposa à cette espèce d'attendrissement qu'inspirent toute
présence et toute cérémonie
augustes. La bénédiction du
navire se fit ; et, tandis qu'on
préparait son lancement, deux
des jeunes enfans de l'armateur

s'avancèrent vers le Monarque, tenant une corbeille d'oranges, qu'ils lui présentèrent, en y ajoutant à genoux l'offrande de leurs cœurs et de leur vie. Le Roi fut touché de leur tendre dévouement, reçut leurs présens, et se réserva le plaisir de les offrir à la Reine.

La mer couvrait de plus en plus le rivage, le moment pressait, les accords sont détachés, le taquet vole, le navire fend les flots, et s'y maintient dans le plus majestueux équilibre. Le Roi s'écria vingt fois: Rien n'est plus beau!

Sur-le-champ il fit remettre au sieur Poullet, le maître du navire, cinquante louis d'or, pour être distribués aux ouvriers qu'il avait employés à cette opération. Tous ceux des différens ateliers ressentirent également les effets de cette bienfaisance qu'il avait déjà

fait rejaillir sur les braves marins, dont le noble zèle s'était
signalé pendant sa traversée ;
mais qui tous, voulant donner,
à l'imitation de leur Souverain,
un généreux exemple d'humanité, consacrèrent au secours
des veuves infortunées de leurs
camarades enlevés dans la dernière guerre, la récompense
que ce Prince leur avait accor-
dée.

Les voitures attendaient...

7

Le Roi monte dans la sienne, et reçoit les adieux de son peuple.

Les officiers municipaux saisirent cet instant pour lui faire une demande que l'impudente adulation a si souvent prostituée à des maîtres indignes, tandis qu'elle devrait n'être que l'expression fidèle de l'amour reconnaissant des peuples pour un Prince vertueux. Sire, dirent-ils, vous avez vu la sensa-

tion délicieuse qu'a produite
dans tous les cœurs votre présence ; vous voyez celle qu'y a
fait succéder votre départ : cal-
mez-en l'amertume, en nous
permettant de fixer votre image
au milieu de nos remparts. —
L'image d'un Roi, dit-il, ne
saurait être trop multipliée
quand il est aimé de ses sujets.

Ce dernier trait combla l'enchantement que ses vertus, que
sa personne avaient excité : il

partit au milieu des bénédictions les plus expressives.

Ce n'était pas dans la capitale de sa province de Normandie que l'entrée du Roi devait être la moins solennelle ; cette ville avait mis en effet tous ses soins à l'embellir. Un arc triomphal décorait son entrée ; les rues étaient tendues de tapisseries, et les plus prévoyantes dispositions avaient été faites dans les lieux où l'on supposait que S. M. pourrait aller. Cinquante jeunes gens à cheval, en brillant uniforme, s'étaient assemblés pour lui servir d'escorte.

A son arrivée, le corps municipal lui présenta les clefs et le vin d'honneur.

Le Roi se rendit d'abord à la cathédrale : tout le clergé, en habits sacerdotaux, formait une enceinte pour le recevoir.

Dès l'entrée de l'église, il s'agenouilla ; marchant ensuite au milieu de ce cortége vénérable, il se rendit dans le chœur, et prit place sous un dais, unissant ses prières à celles que des milliers de voix adressaient au ciel pour sa conservation et son bonheur. On entonna le *Domine, salvum fac Regem,* qu'un homme appela, avec raison, le cantique des Français ; et, dans cette circonstance auguste, il pénétra de la plus douce onction tous les cœurs réunis dans ce temple.

Le Roi passa dans les appartemens de l'archevêché : le cardinal de La Rochefoucauld eut l'honneur de lui présenter son chapitre, et les chanoines celui d'offrir à S. M. le pain et le vin, tribut consacré par un antique usage.

Les cours souveraines furent présentées par le duc d'Harcourt , et s'acquittèrent avec éloquence et brièveté de la fonction si belle de servir d'organe aux peuples.

Le Roi dîna ; une multitude de citoyens assiégea les portes pour jouir de sa présence; mais un petit nombre eut alors cet avantage.

A peine eut-il donné quelques momens aux personnes admises à son couvert , qu'il passa dans le salon des états, pour y recevoir le bailliage, l'élection, l'académie, l'hôtel des monnaies et le bureau des finances.

La juridiction consulaire et la chambre de Commerce furent aussitôt appelées. Ces corps méritaient d'être accueillis d'un Prince pour qui le vrai mérite est le premier, le plus juste des droits aux faveurs. De toutes les juridictions, il n'en est

point de plus utile , de plus
sage , de plus désintéressée ,
de plus capable de maintenir
l'ordre et la fidélité parmi les
citoyens. Ses ordonnances sont
celles du bon sens et de la pri-
mitive équité ; juges de leurs
pairs , les juges-consuls sont
rarement dupes des prestiges
de l'éloquence et des ruses de
la chicane. Tout doit être sim-
ple dans le commerce, comme
il devrait l'être dans les affaires
civiles ; et cette simplicité , qui

permet à peu d'affaires de ce ressort de devenir litigieuses , réduirait infiniment ces nombreuses et interminables procédures dont les magistrats sont chargés , au grand préjudice des mœurs et des citoyens , qui sont les victimes de leur abandon.

M. Le Couteulx , qui présidait cette compagnie , eut l'honneur d'adresser un compliment au Roi, et le bonheur d'en être

écouté favorablement. Il se re-
tirait, lorsque le duc d'Harcourt lui fit connaître, de la part
de S. M., qui, pour se sous-
traire à des démonstrations de
reconnaissance, ne l'avait pas
annoncé de sa bouche, que, par
bienveillance pour le Commerce de la province, elle suppri-
mait l'ancien droit sur les su-
cres et sur les cires. Le président
consulaire supplia le duc d'Harcourt de lui témoigner combien
la chambre était pénétrée de ce

bienfait, et le pria lui-même d'agréer tous les remercîmens du Commerce pour l'attentive protection dont il l'honorait auprès du Souverain.

Toujours porté vers les actes d'utilité et d'humanité, le Roi fit remettre *vingt mille francs* à l'archevêque, pour être appliqués aux hôpitaux.

La plus grande partie du public n'ayant pu jouir de la

satisfaction de le contempler, il se prêta gracieusement aux invitations pressantes que ses acclamations redoublées lui manifestaient ; il se montra dans la ville, descendit à pied sur le pont, s'y reposa sous une tente qu'on avait dressée, s'en fit faire l'ouverture, voulut y voir passer un navire, et remarqua très-bien que certains agrès lui manquaient.

L'affluence prodigieuse que

le Roi voyait de toutes parts , ne fut pas un des moindres sujets de son attention ; ce n'étaient pas seulement les habitans de la ville , mais encore ceux des extrémités de la province , qui , sur la renommée de ses vertus actives , étaient accourus pour l'admirer ; aussi parut-il regretter de s'arracher si tôt à ces témoignages authentiques de la plus haute estime et du plus tendre amour ; et daigna-t-il rendre justice aux sentimens qui les dictaient, en consolant cette ville des courts momens qu'il lui donnait, par les promesses aussi flatteuses qu'honorables de l'en dédommager bientôt par son propre retour, et par la présence auguste et si vivement désirée de cette Reine enchanteresse, vers laquelle il lui tardait de se rendre pour partager la plénitude des jouissances dont son peuple avait rempli son cœur.

Il partit donc , et la nuit put seule différer son retour ; ce qui procura au cardinal de La Rochefoucauld la faveur de le recevoir à Gaillon.

Enfin ce Monarque chéri, si digne de l'être, reparut le lendemain à Versailles , où toute la famille royale était assemblée pour lui tendre les bras , et recevoir ses embrassemens.

Ce voyage sans doute fera

désirer à ce Prince de connaître et de visiter les autres parties de son royaume, comme aux habitans de ses autres provinces, de manifester à ce digne Souverain les mêmes sentimens de reconnaissance et d'amour. En vain un Roi veut-il le bonheur de ses peuples et la prospérité de ses États; ce n'est que par la connaissance des uns et des autres qu'il peut en être véritablement le bienfaiteur.

Qui, mieux que Louis XVI,
pouvait s'en convaincre? qui,
mieux que lui, pouvait appré-
cier la justesse de cette leçon
paternelle que Louis XIV, dans
la majorité de l'âge, donnait à
son petit-fils, Philippe V, encore mal assuré sur le trône
d'Espagne : « Les peuples
» souhaitent ardemment de
» voir leurs Souverains.....
» Écoutez leurs plaintes, ren-
» dez justice., et communi-
» quez-vous avec bonté.....

» Vous connaîtrez bientôt l'u-
» tilité de votre voyage, et le
» bon effet qu'aura produit vo-
» tre présence.

FIN.